KARL MARX: CLÁSICOS RESUMIDOS

MAURICIO FAU

ISBN: 9789871719044

DEDICATORIA

A mis hijos Elías, Selva, Greta, Ciro y Yaco.

A mi hija de la vida Emma.

A mi esposa Cecilia.

Contenido

QUIÉN ES MARX

Marx, Karl Heinrich (1818-1883): Filósofo y economista alemán, fundador del socialismo científico, comunismo o materialismo histórico. Postuló la lucha de clases como motor de los cambios históricos y –en el contexto de la Segunda Revolución Industrial– comenzó a organizar a la clase obrera mundial con el objetivo del derrocamiento revolucionario del capitalismo y la instauración de una sociedad comunista, sin explotadores ni explotados. Fue uno de los fundadores de la I Internacional y explicó el funcionamiento básico del modo de producción capitalista a través de la acumulación de capital, en base a la extracción de plusvalía realizada por la burguesía sobre el proletariado, señalando que las contradicciones del sistema lo llevarían a su autodestrucción. Entre sus obras principales encontramos a: *Manifiesto del Partido Comunista* (1848, junto a Friedrich Engels) y *El Capital* (1867).

Marx, Karl y Engels, Friedrich

MANIFIESTO DEL PARTIDO COMUNISTA (1848)

El Manifiesto Comunista surgió a mediados del siglo XIX, cuando en Europa se estaba desarrollando la Segunda Revolución Industrial, y la clase obrera comenzaba a tener cada vez más importancia.

Esta clase obrera era brutalmente explotada por la clase capitalista, pero no tenía claros sus objetivos. MARX Y ENGELS TRATARON DE CONCIENTIZAR Y ORGANIZAR A LOS TRABAJADORES CON EL FIN DE QUE ÉSTOS SE ORGANIZARAN EN UN partido revolucionario de los trabajadores, un PARTIDO OBRERO, PARA TOMAR EL PODER, destruir al capitalismo y crear una sociedad comunista, sin explotadores ni explotados.

1- BURGUESES Y PROLETARIOS

LA HISTORIA DE TODAS LAS SOCIEDADES QUE HAN EXISTIDO HASTA NUESTROS DÍAS ES LA HISTORIA DE LA LUCHA DE CLASES

OPRESORES Y OPRIMIDOS mantienen una lucha constante; por ejemplo, se han dado las luchas entre amos y esclavos, patricios y plebeyos, señores y siervos, burgueses y proletarios. Todas esas luchas terminaron siempre con la TRANSFORMACIÓN REVOLUCIONARIA DE LA SOCIEDAD o el hundimiento de las clases en pugna. La SOCIEDAD BURGUESA, surgida de las ruinas de la sociedad feudal, sólo ha cambiado las viejas clases y las viejas condiciones de opresión por otras nuevas.

LA BURGUESÍA ES LA CLASE DE LOS CAPITALISTAS MODERNOS, PROPIETARIOS DE LOS MEDIOS DE PRODUCCIÓN SOCIAL, Y EMPLEADORES DEL TRABAJO ASALARIADO

EL PROLETARIADO ES LA CLASE DE LOS TRABAJADORES MODERNOS ASALARIADOS QUE, PRIVADOS DE MEDIOS DE PRODUCCIÓN PROPIOS, SE VEN OBLIGADOS A VENDER SU FUERZA DE TRABAJO AL CAPITALISTA PARA PODER SUBSISTIR

Los descubrimientos, la navegación, los nuevos mercados, el desarrollo del comercio y la INDUSTRIA, originaron a la burguesía que, a cada paso, en su evolución producía un correspondiente cambio político. Con el establecimiento de la gran industria y el mercado mundial, la burguesía conquistó la hegemonía del poder político en el ESTADO REPRESENTATIVO MODERNO, que Marx y Engels definen como "una JUNTA QUE ADMINISTRA LOS NEGOCIOS COMUNES DE LA CLASE BURGUESA".

La burguesía cumplió en la historia un PAPEL REVOLUCIONARIO: destruyó las relaciones feudales y patriarcales, ahogó el dogmatismo religioso y estableció, en lugar de una explotación oculta tras ilusiones religiosas y políticas, una EXPLOTACIÓN ABIERTA, DESCARADA, DIRECTA Y BRUTAL.

Para la burguesía, todo se reduce al dinero. Todo lo estamental y estancado (feudalismo) se esfuma, todo lo sagrado (religión) es profanado. Mediante la explotación del mercado mundial, la burguesía universaliza la producción y el consumo, arrastrando hacia la "civilización" a todas las naciones, forjando así un mundo a su imagen y semejanza: somete el campo al dominio de la ciudad, crea urbes inmensas, reúne a la población, centraliza los medios de producción y concentra la propiedad en unas pocas manos.

A consecuencia de todo eso, se produce una CENTRALIZACIÓN POLÍTICA: una sola nación, bajo un solo gobierno, con una sola ley y un solo interés nacional de clase. Los medios de producción y de cambio que generaron a la burguesía fueron creados en la sociedad feudal.

Al llegar a un cierto grado de desarrollo de estos medios, LAS RELACIONES FEUDALES DE PROPIEDAD CESARON DE CORRESPONDER AL DESARROLLO DE LAS FUERZAS PRODUCTIVAS: es decir que frenaban la producción. Las relaciones feudales fueron destruidas por las revoluciones burguesas (Revolución

Industrial, Inglaterra 1688, Francia 1789) y suplantadas por las relaciones burguesas.

Sin embargo, las mismas armas de las que se sirvió la burguesía para derribar al feudalismo, se vuelven en su contra.

LAS RELACIONES DE PROPIEDAD BURGUESAS SE CONVIRTIERON EN UN OBSTÁCULO PARA EL DESARROLLO DE LAS FUERZAS PRODUCTIVAS[1]

Esto es así porque el capitalismo sufre, inevitablemente, crisis cíclicas de sobreproducción. Así, la burguesía produjo también a los hombres que empuñarán esas armas, es decir los PROLETARIOS. La industria moderna transformó la artesanía y el pequeño taller en la industria capitalista; los obreros no son sólo esclavos de la clase burguesa y del Estado burgués, sino que diariamente son esclavos de la máquina y su patrón particular.

LA LUCHA DEL PROLETARIADO CONTRA LA BURGUESÍA TIENE VARIAS ETAPAS: obreros aislados, obreros de una

[1] Las fuerzas productivas son la fuerza de trabajo, es decir la energía vital de los trabajadores, y los medios de producción, es decir las máquinas, fábricas, herramientas, etc.

misma fábrica, obreros de un mismo oficio contra el burgués aislado que los explota directamente, intentando reconquistar por la fuerza la posición perdida de la Edad Media. Sin embargo hasta aquí no hay una "clase" que lucha en conjunto contra su antagonista. La industria, en su desarrollo, acrecienta y concentra a los obreros, aumentando su fuerza y conciencia. Los obreros empiezan a actuar como clase contra la clase burguesa en una lucha nacional de clases.

COMO ESTA LUCHA TAMBIÉN ES POLÍTICA, EL PROLETARIADO SE ORGANIZA EN UN PARTIDO POLÍTICO PROPIO, UN PARTIDO OBRERO

La burguesía vive en lucha permanente; primero contra la aristocracia, luego contra la burguesía no industrial y las burguesías de otros países, y en esas luchas se ve forzada a apelar al proletariado dándole los elementos de su propia educación, o sea dándole armas. EL PROLETARIADO ES HOY LA ÚNICA CLASE VERDADERAMENTE REVOLUCIONARIA; las CAPAS MEDIAS (pequeños industriales, pequeños comerciantes, artesanos, campesinos con tierra propia, etc) son reaccionarios, excepto si ven cerca la perspectiva de pasar al proletariado; entonces se hacen revolucionarias.

LOS OBREROS NO TIENEN NADA QUE PERDER, TIENEN QUE DESTRUIR TODO LO QUE HASTA AHORA GARANTIZÓ Y ASEGURÓ LA PROPIEDAD PRIVADA EXISTENTE

Para esto debe destruir la superestructura (el Estado y sus instituciones). La condición de existencia de la DOMINACIÓN de la burguesía es la ACUMULACIÓN de la riqueza en manos de particulares, la forma y el acrecentamiento del capital.

La condición de existencia del CAPITAL es el TRABAJO ASALARIADO. Pero de esta forma LA BURGUESÍA PRODUCE A SUS PROPIOS SEPULTUREROS. El hundimiento de la burguesía y la victoria del proletariado, dicen Marx y Engels, son inevitables.

2- PROLETARIOS Y COMUNISTAS

LOS COMUNISTAS LUCHAN POR LOS INTERESES COMUNES A TODO EL PROLETARIADO, MÁS ALLÁ DE LA NACIONALIDAD, Y SUS OBJETIVOS SON LOS MISMOS: QUE LOS OBREROS TOMEN CONCIENCIA DE LA NECESIDAD DE DERROCAR A LA BURGUESÍA Y CONQUISTAR EL PODER POLÍTICO

LAS IDEAS COMUNISTAS NO SON UN INVENTO, sino la expresión de una lucha de clases histórica. La abolición de las relaciones de propiedad es una constante histórica.

Así como la Revolución Francesa abolió la propiedad feudal en provecho de la propiedad burguesa, EL COMUNISMO BUSCA ABOLIR LA PROPIEDAD BURGUESA, última forma de propiedad basada en el antagonismo de clases y la explotación.

EL COMUNISMO BUSCA ABOLIR LA PROPIEDAD PRIVADA QUE SIRVE PARA EXPLOTAR EL TRABAJO AJENO, Y NO LA PROPIEDAD BIEN ADQUIRIDA, FRUTO DEL TRABAJO Y EL ESFUERZO PERSONAL

Por el contrario, ES EL CAPITALISMO QUIEN RENIEGA DE LA PROPIEDAD PERSONAL, ya que EL TRABAJO ASALARIADO no crea propiedad para el trabajador, sino que CREA CAPITAL, o sea que crea la propiedad que explota al trabajo asalariado.

El CAPITAL no es una fuerza personal sino social, sólo se pone en movimiento por la actividad conjunta de todos los miembros de la sociedad. Si el capital se transforma en propiedad colectiva, no es la propiedad personal la que se transforma en propiedad social; sólo cambiar el carácter social de la propiedad, perdiendo su carácter de clase.

El TRABAJO ASALARIADO consiste en el hecho de que el obrero se apropia por su actividad de lo mínimo indispensable para la mera reproducción de su vida, y todo lo demás es para acrecentar el capital de la clase burguesa.

En la sociedad burguesa el capital es independiente y tiene personalidad, mientras que el individuo que trabaja no es independiente y carece de personalidad. EL COMUNISMO BUSCA ABOLIR LA LIBERTAD BURGUESA, la libertad de comercio, la de comprar y vender, la de explotar el trabajo de los demás, Y NO LA VERDADERA LIBERTAD.

La burguesía se horroriza de que el comunismo quiera abolir la propiedad privada. Pero EN EL CAPITALISMO LA PROPIEDAD PRIVADA ESTÁ ABOLIDA PARA LAS 9/10 PARTES DE LA POBLACIÓN, justamente en beneficio del 1/10 restante.

EL COMUNISMO NO PRIVA A NADIE DE LA FACULTAD DE TOMAR PROPIEDAD PERSONAL EN BASE AL TRABAJO PROPIO, PERO SÍ QUITA EL PODER DE SOJUZGAR EL TRABAJO AJENO, APROPIÁNDOSE DE SUS FRUTOS

EN EL CAPITALISMO LOS QUE TRABAJAN NO SON PROPIETARIOS Y LOS QUE SON PROPIETARIOS NO TRABAJAN[2]

El comunismo no ataca la libertad, la cultura, el derecho o la propiedad en general, sino las concepciones burguesas de esos conceptos. El comunismo no busca disolver la familia, ni establecer la comunidad de mujeres; precisamente se trata de lo contrario: DESTRUIR EL CAPITALISMO COMO SISTEMA QUE DESTRUYE LA FAMILIA Y USA A LA MUJER como simple instrumento de producción. Además, la " comunidad de mujeres" que la burguesía atribuye al comunismo, existe en el capitalismo: la prostitución. Aboliendo las relaciones burguesas, DESAPARECERA TAMBIEN LA PROSTITUCIÓN.

Se acusa a los comunistas de querer abolir la patria, la nacionalidad, sin embargo,

LOS OBREROS NO TIENEN PATRIA; EL PROLETARIADO SÓLO ES NACIONAL EN SENTIDO GEOGRÁFICO, PERO SU LUCHA ES MUNDIAL[3]

---

[2] Marx se refiere a los propietarios de medios de producción, no a los propietarios de bienes personales.

[3] Para un marxista, un obrero argentino, un obrero chileno y un obrero norteamericano son hermanos y aliados de clase. En cambio, un capitalista argentino es enemigo de un obrero argentino.

En la misma medida en que sea abolida la explotación de un individuo por otro, será abolida la explotación de una nación por otra. Al no haber más lucha de clases, no habrá más hostilidad entre naciones.

Las IDEAS DOMINANTES en cualquier época, han sido las ideas de la clase dominante; en el seno de toda sociedad surgen ideas nuevas que revolucionan a aquella y pasan a ser la siguiente idea dominante. Pero todas tienen en común ciertas "verdades eternas", más allá de su contenido concreto, como la libertad, la justicia, etc.

Todas EXPRESAN LA EXPLOTACIÓN DE UNA PARTE DE LA SOCIEDAD POR LA OTRA. Como la revolución comunista rompe con las relaciones de propiedad tradicionales, rompe también con las ideas tradicionales.

El PRIMER PASO DE LA REVOLUCIÓN es la elevación del PROLETARIADO COMO CLASE DOMINANTE, a través de la TOMA DEL PODER por una revolución obrera, la DESTRUCCIÓN DEL ESTADO BURGUÉS y la "conquista de la democracia" (DICTADURA DEL PROLETARIADO sobre la burguesía).

La clase obrera en el poder luego EXPROPIARÁ gradualmente todo el capital A LA BURGUESÍA y lo centralizará en el Estado para aumentar lo más rápido posible el desarrollo de las fuerzas productivas.

Las PRINCIPALES MEDIDAS (de carácter transitorio) de un gobierno obrero revolucionario serán las siguientes: 1) Expropiación de la tierra y empleo de su renta para gastos del Estado, 2) Fuerte impuesto progresivo, 3) Abolición del derecho de herencia, 4) Confiscación de la propiedad de todos los emigrados y sediciosos, 5) Nacionalización de los medios de transporte, 6) Nacionalización de la banca y el crédito, 7) Multiplicación de fábricas e instrumentos de producción del Estado, 8) Trabajo obligatorio para todos, 9) Organización de ejércitos, 10) Combinación agricultura-industria para eliminar el contraste campo-ciudad, 11) Educación pública y gratuita, 12) Abolición del trabajo de los niños, etc.

Una vez que desaparezcan las diferencias de clase y se haya concentrado toda la producción en los individuos asociados, EL PODER PÚBLICO PERDERÁ SU CARÁCTER POLÍTICO, y el proletariado ya no será más clase dominante porque NO HABRÁ NADIE A QUIÉN DOMINAR: EL ESTADO DESAPARECERÁ, y surgirá una asociación en la que “el libre desenvolvimiento de cada uno será la condición para el libre desenvolvimiento de todos".

En síntesis, LOS COMUNISTAS APOYAN TODO MOVIMIENTO REVOLUCIONARIO CONTRA EL ESTADO DE COSAS SOCIAL Y POLÍTICO EXISTENTE. Y consideran indigno ocultar sus ideas y propósitos, por lo cual PROCLAMAN EN FORMA ABIERTA QUE SUS OBJETIVOS SÓLO PUEDEN SER ALCANZADOS DERROCANDO POR LA VIOLENCIA TODO EL ORDEN SOCIAL EXISTENTE.

"Los proletarios no tienen nada que perder en la revolución comunista más que sus cadenas. Tienen, en cambio, un mundo que ganar".

Hay que LLAMAR A TODOS LOS TRABAJADORES Y EXPLOTADOS DEL MUNDO A UNIRSE EN UN PARTIDO OBRERO MUNDIAL PARA TOMAR EL PODER, ELIMINAR EL CAPITALISMO Y CONSTRUIR UNA SOCIEDAD JUSTA, LA SOCIEDAD COMUNISTA, SIN EXPLOTADORES NI EXPLOTADOS. Por ello, el llamado final del *Manifiesto* es por la unidad internacional de la clase obrera.

TRABAJADORES DE TODOS LOS PAÍSES, ¡ÚNANSE!

PRÓLOGO A CONTRIBUCIÓN A LA CRÍTICA DE LA ECONOMÍA POLÍTICA (1859)

Para Marx, EL ESTADO (lo político) y LAS LEYES (lo jurídico) no se explican por si mismos, ni por un supuesto "espíritu humano" (Hegel), sino que SE ORIGINAN EN LAS CONDICIONES MATERIALES DE EXISTENCIA. Por ello, a la anatomía de la sociedad hay que buscarla en la economía política.

SEGÚN COMO LOS HOMBRES SE RELACIONEN Y PRODUZCAN MATERIALMENTE, CREARÁN DETERMINADAS INSTITUCIONES POLÍTICAS Y JURÍDICAS

En la producción social de su existencia, los hombres entran en relaciones determinadas, necesarias, independientes de su voluntad; estas RELACIONES DE

PRODUCCIÓN (amos y esclavos, señores y siervos, burgueses y proletarios) corresponden a un grado determinado de desarrollo de sus FUERZAS PRODUCTIVAS materiales.

LAS RELACIONES QUE LOS HOMBRES ESTABLECEN ENTRE SÍ SON CONSECUENCIA DE SU NECESIDAD DE SOBREVIVIR. PARA ELLO, DEBEN PRODUCIR LOS MEDIOS DE SU SUBSISTENCIA, Y PARA ELLO SE RELACIONAN

El grado y tipo de relación que tengan dependerá del grado de desarrollo de las fuerzas productivas (las técnicas con que cuentan los trabajadores y los conocimientos aplicables a la producción). El conjunto de estas relaciones de producción forman la ESTRUCTURA económica de la sociedad, base real sobre la cual se eleva una SUPERESTRUCTURA jurídica y política a la que corresponden determinadas formas de conciencia social.

El MODO DE PRODUCCIÓN de la vida material condiciona el proceso de vida social, política e intelectual en general.

SEGÚN COMO LOS HOMBRES PRODUZCAN Y VIVAN MATERIALMENTE, PENSARÁN DE DETERMINADA MANERA, TENDRÁN DETERMINADA VISIÓN DE LAS COSAS Y CREARÁN CIERTAS INSTITUCIONES

NO ES LA CONCIENCIA DE LOS HOMBRES LA QUE DETERMINA SU SER, SINO A LA INVERSA: ES EL SER SOCIAL LO QUE DETERMINA SU CONCIENCIA

En una fase determinada de su desarrollo, LAS FUERZAS PRODUCTIVAS DE LA SOCIEDAD ENTRAN EN CONTRADICCIÓN CON LAS RELACIONES DE PRODUCCIÓN existentes, porque éstas se convierten en trabas de aquéllas.

Por ejemplo, los trabajadores (fuerza productiva) se sienten cada vez más alienados y explotados por la relación social capitalista (relación de producción). Además, el carácter anárquico de la producción capitalista hace que este modo de producción pase a ser una traba cuando antes había sido un factor progresivo.

Se abre entonces una época de REVOLUCIÓN SOCIAL: el cambio producido en la base económica (estructura) trastorna, tarde o temprano, a la superestructura: A LA CRISIS MATERIAL DE LAS RELACIONES DE PRODUCCIÓN SIGUE LA REVOLUCIÓN IDEOLÓGICA Y POLÍTICA.

Así, según Marx, los trabajadores deben liberar a la producción de las trabas que le impone el capitalismo (ya que este modo de producción tiene como centro la ganancia burguesa y no la satisfacción de las necesidades de todos los hombres) tomando el poder político, destruyendo el Estado burgués y creando una nueva forma de organización política (la dictadura del proletariado) y económico-social (el socialismo).

Una sociedad no desaparece nunca antes de que sean desarrolladas todas sus fuerzas productivas, y las nuevas relaciones de producción no llegan sino hasta que las condiciones materiales de existencia de esas relaciones hayan sido incubadas en el seno mismo de la vieja sociedad, lo que explica por que el hombre no se propone nunca mas que los problemas que puede resolver.

Es decir que cada modo de producción cumple un ciclo, pasando de ser progresivo a ser un obstáculo del desarrollo, que se da cuando sus fuerzas productivas ya no soportan a las relaciones de producción de las cuales nacieron. Los modos de producción ASIÁTICO, ANTIGUO (esclavista), FEUDAL Y BURGUÉS O CAPITALISTA, son épocas progresivas de la FORMACIÓN ECONÓMICO-SOCIAL.

Las relaciones burguesas de producción son la última forma antagónica del proceso de producción social, porque las fuerzas productivas que se desarrollan en el seno de la sociedad burguesa (los trabajadores) crean, al mismo tiempo, las condiciones materiales para resolver este antagonismo: CON EL SISTEMA CAPITALISTA TERMINA LA PREHISTORIA DE LA SOCIEDAD HUMANA.

Marx, Karl y Engels, Friedrich

LA IDEOLOGÍA ALEMANA (1846)

La ideología en general y la ideología alemana en particular

En la Alemania del siglo XIX, Marx y Engels veían que la crítica no había superado el límite de la filosofía hegeliana con sus categorías puras como la "sustancia" o la "autoconciencia", que fueron profanadas y rebautizadas con nombres mundanos como: la "especie", el "Único" (Dios), el "Hombre", etc.

Para los neohegelianos el problema se reduce a que tenemos ideas equivocadas y todo se solucionaría cambiándolas por nuevas ideas. Hemos de interpretar la realidad a través de otra ideología.

MARX ESTÁ CRITICANDO A LA "IDEOLOGÍA ALEMANA", QUE PARTE DE LAS IDEAS PARA ESTUDIAR LA REALIDAD, EN VEZ DE PARTIR DESDE LA REALIDAD MISMA, LA REALIDAD MATERIAL DE LA CUAL SURGEN LAS IDEAS

MARX Y ENGELS PIENSAN QUE EL PUNTO DE VISTA MARXISTA, EN CAMBIO, NO ES ARBITRARIO NI DOGMÁTICO; SE HALLA EN LA REALIDAD. SU PUNTO DE PARTIDA SON LOS INDIVIDUOS REALES, SU ACCIÓN Y CONDICIONES DE VIDA MATERIALES Y CUYA EXISTENCIA PUEDE CONSTATARSE POR MEDIOS PURAMENTE EMPÍRICOS

DETERMINADOS INDIVIDUOS, QUE TRABAJAN Y PRODUCEN DE DETERMINADA MANERA, CONTRAEN RELACIONES POLÍTICAS Y SOCIALES. LA ORGANIZACIÓN SOCIAL Y EL ESTADO SURGEN DE LA VIDA DE DETERMINADOS INDIVIDUOS

Pero de LA VIDA DE LOS INDIVIDUOS CONSIDERADOS, NO COMO SEGÚN ELLOS SE CONCIBEN, O SEGÚN LO CONCIBEN LOS DEMÁS, SINO SEGÚN CÓMO SON EN REALIDAD, CÓMO OBRAN MATERIALMENTE. Según cómo despliegan, bajo la imposición de condiciones que no eligen, su actividad. El nacimiento de las representaciones, las IDEAS, la conciencia, se halla inmediatamente ENLAZADA desde sus comienzos CON la actividad y LAS RELACIONES MATERIALES DE LOS HOMBRES, con su vida real.

LO QUE LOS INDIVIDUOS PIENSAN Y SE REPRESENTAN ES RESULTADO DE SU VIDA MATERIAL. Y LO MISMO SUCEDE CON LA POLÍTICA, LA LENGUA, LAS LEYES, LA MORAL, LA RELIGIÓN, LA FILOSOFÍA, ETC

Toda idea, aunque sea falsa, tiene sus raíces en la realidad. La conciencia no puede ser otra cosa que conciencia del ser. La filosofía alemana que Marx y Engels critican, desciende del cielo a la tierra. Parte de lo que el hombre se imagina, dice, se representa, piensa.

MARX Y ENGELS PROPONEN ASCENDER DE LA TIERRA AL CIELO. Su punto de partida es el hombre real, activo, que vive de cierto y determinado modo. Y SU IDEOLOGÍA ES REFLEJO Y ECO DE SU VIDA REAL. Con esto la moral, la religión, la metafísica y el resto de la ideología pierden la Independencia que hasta ahora ostentaban. No tienen historia propia. Evoluciona la producción y las relaciones materiales de los hombres, y concomitantemente evolucionan su pensamiento y sus ideas.

NO ES EL PENSAMIENTO EL QUE DETERMINA LA VIDA, SINO LA VIDA LA QUE DETERMINA EL PENSAMIENTO. EL PENSAMIENTO ES OBRA DE LOS INDIVIDUOS, Y NO ALGO ANTERIOR A ELLOS. LOS CONCEPTOS NO TIENEN SENTIDO DESLIGADOS DE LA HISTORIA REAL

El marxismo plantea que deben cesar las frases y ceder su puesto a la ciencia de verdad. Y como esta ciencia no es otra cosa que la exposición desnuda de los hechos, pierde su medio de subsistencia la filosofía especulativa, la ideología alemana.

La IDEOLOGÍA, entonces, es para el marxismo, un encubrimiento de la realidad, una DEFORMACIÓN DE LA REALIDAD MATERIAL, porque son ideas que se presentan como independientes de lo material y no lo son.

Historia

Para que haya historia, es necesario que los hombres estén en condiciones de poder vivir, y para ello deben comer, vestirse, alojarse, etc.

El PRIMER HECHO HISTÓRICO es entonces la PRODUCCIÓN de los medios indispensables para la satisfacción de esas necesidades, es decir la producción DE LA VIDA MATERIAL.

Los ingleses y franceses, aún con sus limitaciones ideológicas, analizaron la historia desde la sociedad civil, el comercio y la industria. En cambio, los alemanes lo hicieron, equivocadamente, desde la historia de las ideas.

En SEGUNDO lugar, la satisfacción de esa primera necesidad conduce a NUEVAS NECESIDADES, y en TERCER lugar, los hombres crean nuevos hombres, formando la FAMILIA, primera forma de relación social que, al desarrollarse, crea nuevas relaciones, y la familia misma pasa a ser una relación secundaria en medio de otras. La producción de la vida (de la propia con el trabajo, de la ajena con la procreación) es una doble relación (natural y social), donde los individuos cooperan entre sí, cualquiera sean las condiciones, el modo y el fin con que lo hagan.

Un determinado MODO DE PRODUCCIÓN o una determinada fase industrial lleva aparejado un determinado MODO DE COOPERACIÓN o una determinada fase social. La historia de la Humanidad debe siempre relacionarse con la historia de la industria y el intercambio.

Recién después de todo ello descubrimos que el hombre tiene también

CONCIENCIA, pero no se trata de una conciencia pura. El LENGUAJE es la conciencia práctica y nace, como la conciencia, de la necesidad, de los apremios del intercambio con los demás hombres. La conciencia de la necesidad de relacionarse con otros individuos es una conciencia gregaria; aquí el hombre sólo se distingue del animal en que su conciencia reemplaza al instinto, que se trata de un instinto consciente.

Esa conciencia gregaria se desarrolla y perfecciona al ritmo del aumento de la producción, del aumento de las necesidades y del aumento de la población. Así se desarrolla la DIVISIÓN DEL TRABAJO, que antes sólo se basaba en la división sexual y de dotes físicos.

LA VERDADERA DIVISIÓN DEL TRABAJO SE DA CUANDO SE SEPARAN EL TRABAJO INTELECTUAL Y EL TRABAJO MANUAL O FÍSICO

Así, las actividades espirituales y materiales, el disfrute y el trabajo, la producción y el consumo, se asignan a diferentes individuos. Con la división del trabajo, se da también la DISTRIBUCIÓN DESIGUAL del trabajo y sus productos, es decir la PROPIEDAD.

Al entrar en contradicción el interés particular con el interés general, los actos propios del hombre se erigen ante él como un poder ajeno y hostil que le sojuzga, en vez de ser él quien los domine. Cada hombre debe hacer determinadas actividades: será pescador, cazador, pastor o crítico, y no tiene más remedio que seguir siéndolo, si no quiere verse privado de los medios de vida.

EN LA SOCIEDAD COMUNISTA, EN CAMBIO, NADIE ESTARÁ LIMITADO. Como la sociedad se encargará de regular la producción general, CADA UNO PODRÁ DEDICARSE A VARIAS COSAS A LA VEZ SEGÚN SU VOLUNTAD.

El ESTADO es una comunidad ilusoria que se nos presenta con una forma propia e independiente, separada de los intereses particulares, pero que surge de esa contradicción entre intereses particulares y sociales. Es una comunidad ilusoria que se asienta, que surge, de la base real de los vínculos existentes.

TODAS LAS LUCHAS QUE SE LIBRAN DENTRO DEL ESTADO, LA LUCHA ENTRE LA DEMOCRACIA, LA ARISTOCRACIA Y LA MONARQUÍA, LA LUCHA POR EL DERECHO AL SUFRAGIO, ETC, SON FORMAS ILUSORIAS BAJO LAS QUE SE VENTILAN LAS LUCHAS REALES ENTRE LAS CLASES

Toda CLASE que aspire a implantar su DOMINACIÓN tiene que empezar CONQUISTANDO EL PODER POLÍTICO, para poder PRESENTAR SU INTERÉS COMO EL GENERAL.

El poder social, la fuerza de producción que nace de la cooperación de los hombres bajo la división del trabajo, se les aparece a los individuos, por no tratarse de una cooperación voluntaria, como un poder ajeno, situado al margen de ellos, que no pueden dominar, sino que son dominados. Es la ENAJENACIÓN, la alienación de los hombres.

Con la destrucción de la base de todo esto, que es la propiedad privada, con la regulación comunista de la producción y la abolición de la actitud en que los hombres se comportan ante sus propios productos como algo extraño a ellos, el poder de la relación de la oferta y la demanda se reduce a la nada y LOS HOMBRES VUELVEN A HACERSE DUEÑOS de la producción, el intercambio y de su propio comportamiento.

Marx sostiene que el comunismo no es un estado que deba implantarse por la fuerza, un ideal al que haya de sujetarse la realidad. El COMUNISMO es el movimiento real que anula y supera al estado de cosas actual y que surge de las premisas actualmente existentes. El comunismo, en definitiva la lucha del proletariado, sólo puede desarrollarse a escala mundial ya que el propio desarrollo de la producción y el comercio bajo el capitalismo asume ese carácter mundial.

De la familia simple y de la familia compuesta (es decir, de la tribu) surge la SOCIEDAD CIVIL, que es EL VERDADERO ESCENARIO DE LA HISTORIA, DONDE SE DA EL INTERCAMBIO MATERIAL ENTRE LOS INDIVIDUOS, de acuerdo con el desarrollo que las fuerzas productivas tengan en cada época y en cada lugar.

LA ECONOMÍA REAL, ES DECIR, LA PRODUCCIÓN Y EL COMERCIO TIENE UN CARÁCTER MUNDIAL QUE EXCEDE LAS LIMITADAS FRONTERAS DE LOS ESTADOS Y LAS NACIONES

POR LO ANTERIOR, QUIENES INTENTEN EXPLICAR LA HISTORIA FUNDAMENTALMENTE A PARTIR DE LA ACCIÓN DE LOS GOBERNANTES Y LOS ESTADOS ESTARÁ IGNORANDO LAS RELACIONES REALES QUE EXPLICAN A SU VEZ A LOS FENÓMENOS DE LA POLÍTICA

Por último, aunque toda organización social basada en el comercio y la producción y que origina determinado tipo de Estado y determinada superestructura de ideas e instituciones recibe el nombre de sociedad civil, LA SOCIEDAD CIVIL PROPIAMENTE DICHA SE DESARROLLÓ CON LA BURGUESÍA.

MARX Y ENGELS: LOS PASOS HACIA EL COMUNISMO

- 1- Las fuerzas productivas se desarrollan pero llega un punto en que las relaciones de producción existentes traban su desarrollo, llegando a destruirlas (destrucción de máquinas, maltrato y despido de trabajadores, etc). De esa situación surge una masa condenada de la que nace la conciencia comunista, es decir, la conciencia de la necesidad de organizar la revolución social
- 2- La dominación de una clase sobre las otras se expresa por medio del Estado. Por lo tanto, la lucha revolucionaria debe dirigirse contra la clase dominante y su Estado
- 3- Todas las revoluciones anteriores no modificaron la actividad sino que sólo cambiaron la distribución de esa actividad; la revolución comunista, en cambio, termina con la dominación de una clase por otra por la sencilla razón de que elimina la base material de la que surgen las clases: la propiedad privada de los medios de producción[4]

[4] Marx y Engels dicen que "elimina el trabajo", lo que significa que el comunismo elimina toda forma de producir riqueza basada en la explotación del hombre por el hombre.

- 4- Sólo por medio de la revolución la clase dominante puede ser derrotada y la clase revolucionaria puede sentar las bases de una sociedad sin explotadores ni explotados, con individuos libre y conscientemente asociados

El comunismo. Producción de la forma misma de intercambio

A DIFERENCIA DE TODAS LAS FORMAS DE PRODUCCIÓN ANTERIORES, EL COMUNISMO ES LA LIBRE ASOCIACIÓN Y LA PLANIFICACIÓN ECONÓMICA CONSCIENTE DE LOS INDIVIDUOS

Pero las diversas formas de producción no surgen de la nada sino que dependen del grado de desarrollo de las fuerzas productivas en cada momento histórico. La propia satisfacción de las necesidades que van surgiendo históricamente es respondida históricamente.

Y en la historia lo que sucede es que LAS VIEJAS FORMAS DE INTERCAMBIO SE CONVIERTEN EN TRABAS, LO QUE LLEVA

A SU REEMPLAZO POR OTRAS MÁS AFINES A LAS FUERZAS PRODUCTIVAS DESARROLLADAS intercambio que, a su vez, vuelve a constituirse en una traba y así sucesivamente.

LA HISTORIA ES LA HISTORIA DE LAS FUERZAS PRODUCTIVAS

Y ocurre que, como no existe un plan consciente de individuos asociados, sino que manda el azar, entonces el desarrollo de esas fuerzas productivas es caótico, incluso dentro de un mismo país. Esto lleva a críticas ideológicas que plantean la superación de esas trabas.

TODOS LOS ENFRENTAMIENTOS DE LA HISTORIA SE DEBEN A LA CONTRADICCIÓN ENTRE LAS FUERZAS PRODUCTIVAS Y LAS FORMAS DE INTERCAMBIO

Y esto también se plantea en el caso de los países con industria menos desarrollada, que reciben la influencia del intercambio con las naciones más industrializadas. Allí también observamos la división del trabajo, en este caso, la división internacional del trabajo.

LAS CONTRADICCIONES MATERIALES SE EXPRESAN TAMBIÉN EN LUCHAS POLÍTICAS E IDEOLÓGICAS

Pero la libertad personal no es posible mientras el hombre viva alienado a sustitutos de la comunidad, como el Estado, Dios, la Patria, etc. CUANDO LA SOCIEDAD ESTÁ DIVIDIDA EN CLASES, LA LIBERTAD PERSONAL SÓLO EXISTE PARA LOS INDIVIDUOS DE LA CLASE DOMINANTE.

Los individuos que se agrupan como clase contra los intereses de otra clase, en realidad no forman una auténtica comunidad porque esa relación no los une como individuos sino sólo como miembros de una clase.

Por el contrario, cuando los proletarios revolucionarios toman bajo su control las condiciones de existencia –es decir, las fuerzas productivas y materiales– los individuos participan en esa comunidad como tales.

SEGÚN MARX, LA SOCIEDAD COMUNISTA ES AQUELLA EN QUE LOS INDIVIDUOS CONTROLAN EN FORMA CONSCIENTE LAS CONDICIONES DE VIDA, PORQUE SE ASOCIAN VOLUNTARIAMENTE Y PLANIFICAN LA PRODUCCIÓN EN FUNCIÓN DE LAS NECESIDADES SOCIALES Y NO DE ACUERDO CON EL LUCRO PRIVADO Y EL AZAR

En realidad, Marx no cree en que sea posible una auténtica libertad mientras los individuos deban pertenecer a alguna clase social. Ello sólo será posible cuando se forme una clase que no tenga ya por qué oponer ningún interés especial de clase a la clase dominante.

ESTO SIGNIFICA QUE SÓLO LA CLASE OBRERA PODRÁ DERROCAR A LA VIEJA CLASE DOMINANTE, NO SIMPLEMENTE PARA CONVERTIRSE EN NUEVA CLASE DOMINANTE, SINO PARA ACABAR CON LAS CLASES EN SÍ MISMAS

A diferencia del pasado, cuando los individuos se liberaban de su clase sólo como individuos (por ejemplo, los siervos dejaban de serlo en términos individuales, pero la servidumbre como tal continuaba existiendo) y sólo para formar otra clase (por ejemplo, pequeños propietarios rurales), EL COMUNISMO ELIMINA LA ABSORCIÓN DE LOS INDIVIDUOS EN CLASES, EVITANDO EN LA RAÍZ LA POSIBILIDAD MATERIAL DE LA EXPLOTACIÓN DE UNOS POR OTROS.

Mientras que los explotados de las épocas anteriores sólo cambiaban de una condición de clase –o de estamento– a otra, los proletarios, para hacer valer su personalidad, necesitan destruir toda la base sobre la que se sostiene el edificio del capitalismo: la propiedad privada de los medios de producción, el trabajo asalariado, la extracción de plusvalía, la acumulación de capital, el Estado, las leyes, la ideología, el ejército y la policía, los partidos políticos burgueses, etc.

MARX SINTETIZA LA LUCHA REVOLUCIONARIA Y SOCIALISTA CON LA SIGUIENTE EXPRESIÓN: LOS TRABAJADORES "NECESITAN DERROCAR AL ESTADO, PARA IMPONER SU PERSONALIDAD"

TRABAJO ASALARIADO Y CAPITAL (1849)

INTRODUCCIÓN DE FEDERICO ENGELS

Según la ECONOMÍA CLÁSICA (el liberalismo del siglo XVIII de Smith, Ricardo y otros) "el valor de una mercancía se determina por el trabajo necesario encerrado en ella".

MARX PLANTEA QUE, SI EL TRABAJO ES LA MEDIDA DE TODOS LOS VALORES, EL "VALOR DEL TRABAJO" SÓLO PODRÁ EXPRESARSE EN TRABAJO

Pero saber que 1 hora de trabajo es = a 1 hora de trabajo, no nos dice nada. Es un círculo vicioso.

Frente a esto, LA ECONOMÍA CLÁSICA RESPONDE QUE EL "VALOR DE UNA MERCANCÍA EQUIVALE A SU COSTO DE PRODUCCIÓN".

Se averigua el costo de producción del obrero, es decir, la suma de medios de vida necesarios para que aquel pueda trabajar (o ser reemplazado, si muere o enferma), asegurando la reproducción de la clase obrera.

Supongamos que el precio en dinero de estos medios de vida es = a $ 3 diarios. El obrero recibirá del capitalista un salario de $ 3 al día. A cambio de este salario, el capitalista le hará trabajar 12 horas diarias.

Supongamos que el obrero –un mecánico ajustador– tiene que fabricar una pieza de una máquina, que acaba en un día. La materia prima, hierro y latón, cuesta $ 20. El consumo de carbón de la máquina de vapor y el desgaste de ésta, del torno y demás herramientas con que trabaja el obrero, representan un valor de $ 1. El valor-total de la pieza es de $ 24: materia prima $ 20 + consumo y desgaste $ 1 + salario $ 3 = $ 24. Pero el capitalista vende la pieza a $ 27, $ 3 más del costo por él desembolsado.

¿DE DÓNDE SALEN ESTOS $ 3 QUE EL CAPITALISTA SE EMBOLSA?

La economía clásica dice que las mercancías se venden por su valor, es decir, el precio que corresponde a la cantidad de trabajo necesario encerrado en ellas. Según esto, el precio de nuestra pieza ($ 27) debería ser igual a su valor, al trabajo encerrado en ella.

De estos $ 27, $ 21 ya existían antes de que nuestro ajustador comenzara a trabajar. Los otros $ 6 se añaden al valor de las materias primas. Según la premisa clásica, estos $ 6 provienen del trabajo añadido a la materia prima por nuestro obrero. Sus 12 horas de trabajo generaron un valor nuevo de $ 6, o sea, 12 horas = $ 6, que es el VALOR DEL TRABAJO.

PERO AL OBRERO SÓLO SE LE HAN DADO $ 3: PARA EL OBRERO, 12 HORAS DE TRABAJO VALEN $ 3; PARA EL CAPITALISTA 12 HORAS DE TRABAJO VALEN $ 6, DE LOS QUE DA $ 3 AL OBRERO Y $ 3 SE GUARDA ÉL

ENTONCES EL TRABAJO NO TIENE UNO SINO DOS VALORES

Si 12 horas = $ 6, 6 horas = $ 3, o sea lo que el obrero recibe por un trabajo de 12 horas.

El descubrimiento que hace MARX es que, lo que los economistas consideraban como costo de producción del "trabajo", era el costo de producción, no del trabajo, sino del propio obrero viviente. Y lo que este obrero vendía al capitalista no era su trabajo ("allí donde comienza realmente su trabajo éste ha dejado ya de pertenecerle a él y no puede, por tanto, venderlo").

Podrá a lo sumo vender su trabajo futuro, o sea, comprometerse a ejecutar un determinado trabajo en un tiempo dado.

CON ELLO, <u>EL OBRERO NO VENDE SU TRABAJO</u> (QUE AÚN NO ESTÁ HECHO) <u>SINO</u> QUE PONE A DISPOSICIÓN DEL CAPITALISTA, A CAMBIO DE UNA REMUNERACIÓN, <u>SU FUERZA DE TRABAJO</u>

La alquila (si trabaja a jornal) o la vende (si trabaja a destajo, es decir por producción).

Por ello su costo de producción coincide con el costo de producción de su propia persona, o sea que, costo de producción = costo de producción de la fuerza de trabajo.

LA FUERZA DE TRABAJO ES, en nuestra actual sociedad capitalista, UNA MERCANCÍA, pero ESPECIAL y diferente a las demás, PUES CREA VALOR y, si se la sabe emplear, MAYOR VALOR QUE EL QUE EN SÍ MISMO POSEE (y que se cuenta como salario).

LA CLASE OBRERA PRODUCE TODOS LOS VALORES, pues el valor es un término que expresa el trabajo, PERO ESTOS VALORES NO LE PERTENECEN A ELLA SINO A LOS PROPIETARIOS de las materias primas, las máquinas y herramientas y de los recursos anticipados que permiten a estos propietarios comprar la fuerza de trabajo de la clase obrera.

La división de la sociedad en una reducida clase fabulosamente rica y una enorme clase de asalariados que no poseen nada hace que esta sociedad se asfixie en su propia abundancia.

Marx sostiene que es posible un nuevo orden social en el que desaparecerán las diferencias de clase y en el que, mediante el aprovechamiento y el desarrollo, con arreglo a un plan, de las inmensas fuerzas productivas ya existentes, de todos los individuos de la sociedad, e imponiendo el deber general de trabajar, se dispondrá por igual para todos, en proporciones cada vez mayores, de los medios necesarios para vivir, para disfrutar de la vida, y para educar y ejercer todas las facultades físicas y espirituales.

TRABAJO ASALARIADO Y CAPITAL

I-

¿QUÉ ES EL SALARIO?, ¿CÓMO SE DETERMINA?

EL SALARIO ES LA CANTIDAD DE DINERO QUE EL CAPITALISTA PAGA POR UN DETERMINADO TIEMPO DE TRABAJO O POR LA EJECUCIÓN DE UNA TAREA DETERMINADA

Por tanto, al parecer, el capitalista les compra a los obreros su trabajo. Pero esto no es más que la apariencia. LO QUE EN REALIDAD VENDEN LOS OBREROS AL CAPITALISTA ES SU FUERZA DE TRABAJO, por un día, un mes, etc. Una vez comprada, el capitalista la consume.

LA FUERZA DEL TRABAJO ES, PUES, UNA MERCANCÍA, IGUAL QUE EL AZÚCAR. AQUELLA SE MIDE CON EL RELOJ, ÉSTA CON LA BALANZA

Al entregar $ 3, el capitalista le entrega, a cambio de su jornada de trabajo, la cantidad correspondiente de carne, ropa, luz, etc. Los $ 3 expresan la proporción en que la fuerza de trabajo se cambia por otras mercancías, o sea el VALOR DE CAMBIO de la fuerza de trabajo. El valor de cambio de una mercancía, expresado en dinero, es su PRECIO.

ASÍ, EL SALARIO ES EL PRECIO DE LA FUERZA DE TRABAJO

En realidad, EL SALARIO NO SURGE DEL TRABAJO REALIZADO.

Veamos, por ejemplo, el caso de la fabricación de un lienzo: el capitalista no paga este salario del dinero que ha de obtener del lienzo, sino de un fondo de dinero que tiene en reserva. Es decir, que EL SALARIO NO ES LA PARTE DEL OBRERO EN LA MERCANCÍA POR ÉL PRODUCIDA, SINO LA PARTE DE LA MERCANCÍA YA EXISTENTE, CON LA QUE EL CAPITALISTA COMPRA UNA CANTIDAD DETERMINADA DE FUERZA DE TRABAJO PRODUCTIVA.

EL TRABAJO DE OBRERO NO ES PARTE DE SU VIDA, SINO UN SACRIFICIO

DE SU VIDA. Es una mercancía que ha adjudicado a otro. Lo que el obrero produce para sí mismo no es la seda que teje ni el oro que extrae de la mina, ni el edificio que construye. Lo que produce para sí mismo es el salario. Las doce horas de trabajo no tienen para él sentido alguno en cuanto tejer, hilar, taladrar, etc, sino solamente como medio para ganar el dinero que le permite sentarse a la mesa o en el bar y meterse en la cama.

Ahora bien, el trabajo no ha sido siempre trabajo asalariado, es decir, trabajo libre:

El ESCLAVO no vendía su fuerza de trabajo al esclavista, sino que era vendido, junto con su fuerza de trabajo, a su dueño, porque él mismo, y no sólo su fuerza de trabajo, era una mercancía. Y su fuerza de trabajo no era una mercancía suya, porque él no se pertenecía ni a sí mismo.

El SIERVO de la gleba sólo vendía una parte de su fuerza de trabajo. No era él quien obtenía un salario del propietario del suelo; por el contrario, era el propietario del suelo quien recibía de él un tributo.

El OBRERO libre se vende a sí mismo y, además, se vende en partes.

El obrero no pertenece a ningún propietario ni está adscrito al suelo, pero las 8, 11, 12, 15 horas de su vida cotidiana pertenecen a quien se las compra. EL OBRERO NO PERTENECE A TAL O CUAL CAPITALISTA, SINO A LA CLASE CAPITALISTA EN SU CONJUNTO.

II-

¿QUÉ ES LO QUE DETERMINA EL PRECIO DE UN MERCANCÍA? ES LA COMPETENCIA ENTRE COMPRADORES Y VENDEDORES.

Tenemos una COMPETENCIA ENTRE VENDEDORES, que abarata el precio de las mercancías. También hay una COMPETENCIA ENTRE COMPRADORES, que hace subir el precio de las mercancías. Y hay una COMPETENCIA ENTRE COMPRADORES Y VENDEDORES: unos quieren comprar lo más barato posible y otros vender lo más caro que puedan.

¿Pero qué quiere decir esto del alza y la baja de los precios?. Si el precio está determinado por la relación entre la oferta y la demanda, ¿qué es lo que determina esta relación entre la oferta y la demanda?. ¿Qué es lo que le sirve a nuestro burgués de criterio para medir la ganancia?

El COSTE DE PRODUCCIÓN de su mercancía.

Si el precio de una mercancía sube, porque sube la demanda o baja la oferta, bajará en proporción el precio de cualquier mercancía; pues el precio de una mercancía no hace más que expresar en dinero la proporción en que otras mercancías se entregan a cambio de ella. Si sube la seda, ahora habrá que dar a cambio una cantidad mayor de las demás mercancías que sigan costando igual que antes.

Esto provocará una afluencia de una masa de capitales a la rama industrial floreciente, lo cual se irá frenando a medida que el precio vuelva a bajar, empujado por la superproducción, bajando por debajo del coste de producción. El caso inverso es similar. Así, los precios altos determinan una afluencia excesiva y los precios bajos una huida exagerada.

Resumiendo, EL PRECIO DE UNA MERCANCÍA SE DETERMINA POR SU COSTE DE PRODUCCIÓN, de modo que las épocas en que el precio de esta mercancía rebasa el coste de producción se compensan con aquéllas en que queda por debajo de este coste de producción, y viceversa. Y estas mismas leyes rigen para los salarios, que bajarán o subirán según la oferta y la demanda.

Pero dentro de estas oscilaciones, EL PRECIO DEL TRABAJO SE HALLARÁ DETERMINADO POR SU COSTE DE PRODUCCIÓN, POR EL TIEMPO DE TRABAJO NECESARIO PARA PRODUCIR ESTA MERCANCÍA, QUE ES LA FUERZA DE TRABAJO.

Ahora bien, ¿cuál es el coste de producción de la fuerza de trabajo? Es lo que cuesta sostener al obrero como obrero y educarle para este oficio. El precio de su trabajo estará determinado por el precio de los medios de vida indispensables. El desgaste del obrero entra en los cálculos del capitalista, de la misma manera que entra el desgaste de las máquinas. Esto es el salario mínimo.

III-

El CAPITAL está formado por materias primas, instrumentos de trabajo y medios de vida que se emplean para producir nuevas materias primas, nuevos instrumentos de trabajo y nuevos medios de vida.

EL CAPITAL ES TRABAJO ACUMULADO QUE SIRVE DE MEDIO DE UNA NUEVA PRODUCCIÓN

Las relaciones sociales en que los individuos producen, las RELACIONES DE PRODUCCIÓN, cambian al cambiar y desarrollarse los medios materiales de producción es decir las FUERZAS PRODUCTIVAS. El capital es una relación social de producción, una relación burguesa de producción. Y todos los productos del capital son mercancías, valores de cambio. Pero, si todo capital es una suma de mercancías, de valores de cambio, no toda suma de mercancías, de valores de cambio, es capital. Una suma de mercancías se convierte en capital cuando se conserva y aumenta por medio del intercambio con la fuerza de trabajo inmediata, viva.

ES EL DOMINIO DEL TRABAJO ACUMULADO, PRETÉRITO, MATERIALIZADO SOBRE EL TRABAJO INMEDIATO, VIVO, LO QUE CONVIERTE AL TRABAJO ACUMULADO EN CAPITAL

EL CAPITAL NO CONSISTE EN QUE EL TRABAJO ACUMULADO SIRVA AL TRABAJO VIVO COMO MEDIO PARA NUEVA PRODUCCIÓN. CONSISTE EN QUE EL TRABAJO VIVO SIRVA AL TRABAJO ACUMULADO COMO MEDIO PARA

CONSERVAR Y AUMENTAR SU VALOR DE CAMBIO

El obrero no sólo repone lo que consume, sino que da al trabajo acumulado un mayor valor del que antes poseía.

EL CAPITAL PRESUPONE EL TRABAJO ASALARIADO Y ÉSTE AL CAPITAL. Ambos se condicionan y engendran recíprocamente. UN OBRERO de una fábrica algodonera, ¿produce solamente tejidos de algodón? No, PRODUCE CAPITAL. El capital sólo puede aumentar cambiándose por fuerza de trabajo, engendrando el trabajo asalariado.

EL AUMENTO DEL CAPITAL ES, POR TANTO, AUMENTO DEL PROLETARIADO, ES DECIR, DE LA CLASE OBRERA

El interés del capitalista y del obrero es por consiguiente el mismo, afirman los burgueses y sus economistas. En efecto, el obrero perece si el capital no le da empleo. El capital perece si no explota la fuerza de trabajo y, para explotarla, tiene que comprarla. Decir que se necesitan implica decir que son dos aspectos de la misma relación.

IV-

Al crecer el capital, crece el número de obreros asalariados. La dominación del capital se extiende a una masa mayor de individuos. El precio en dinero, el SALARIO NOMINAL, no coincide con el SALARIO REAL, es decir, con la cantidad de mercancías que se obtienen realmente a cambio del salario.

El SALARIO RELATIVO es la parte que obtiene el trabajador de los valores por él creados, en proporción a la parte que se reserva el trabajo acumulado, el capital.

Mientras que la primera parte se limita a reponer valores que ya existían, tanto la suma destinada a reembolsar los salarios abonados como el remanente que forma la ganancia del capitalista, salen en su totalidad del nuevo valor creado por el trabajo del obrero y añadido a las materias primas.

TANTO LA GANANCIA COMO EL SALARIO SON PARTES DEL PRODUCTO DEL OBRERO

La parte del capital, la ganancia, aumenta en la misma proporción en que baja la parte del trabajo, el salario, y viceversa.

LOS INTERESES DEL TRABAJO ASALARIADO Y LOS DEL CAPITAL SON DIAMETRALMENTE OPUESTOS

El salario relativo puede disminuir aunque aumente el salario real simultáneamente con el salario nominal.

Decir que el obrero está interesado en el rápido incremento del capital, sólo significa que cuanto más rápido incrementa el obrero la riqueza ajena, más sabrosas migajas caen de su mesa, más obreros pueden encontrar empleo y más puede crecer la masa de los esclavos sujetos al capital. Aún cuando la situación material del obrero mejore, será a costa de su situación social, porque seguirá siendo un esclavo del capital.

V-

Sólo vendiendo más barato pueden unos capitalistas desalojar a otros y conquistar sus capitales. Para poder vender más barato sin arruinarse, tienen que producir más barato; es decir, aumentar todo lo posible la fuerza productiva del trabajo. Y lo que sobre todo aumenta esta fuerza productiva es una mayor división del trabajo, la aplicación en mayor escala y el constante perfeccionamiento de la maquinaria.

Los medios de producción, más potentes y más costosos que el capitalista ha puesto en pie, le permiten vender su mercancía más barata, pero al mismo tiempo le obligan a vender más mercancías, a conquistar para éstas un mercado incomparablemente mayor. Bajando el precio, desaloja a otros capitalistas y les arrebata parte del mercado.

Pero el privilegio de nuestro capitalista no dura mucho: otros capitalistas introducen las mismas máquinas, la misma división del trabajo, hasta que esto se generaliza tanto que el precio del producto queda por debajo del coste de producción. Este nuevo coste determina la introducción de más máquinas, más división del trabajo, y la rueda comienza a girar ahora igual que antes.

Así, vemos cómo se subvierten y se revolucionan incesantemente el modo de producción y los medios de producción, cómo la división del trabajo acarrea otra división del trabajo mayor, la aplicación de la maquinaria, otra aplicación de maquinaria mayor, etc.

Cualquiera que sea la potencia de los medios de producción empleados, la competencia procura arrebatar al capital los frutos de oro de esta potencia, reduciendo al precio de las mercancías al coste de producción.

Esto lleva a que el capitalista tenga que rendir más en el mismo tiempo de trabajo, haciendo cada vez más difíciles las condiciones de valorización, porque dispone de productos más baratos y necesita cada vez más compradores.

Una mayor división del trabajo permite al obrero realizar el trabajo de cinco, diez o veinte, aumentando por tanto la competencia entre los obreros. El trabajador, a medida que aumenta la división del trabajo, se convierte en una fuerza productiva simple y monótona. Cuanto más sencillo de aprender es un trabajo, más baja el salario, ya que éste se halla determinado, como el precio de toda mercancía, por el coste de producción. Así, a medida que el trabajo va haciéndose más desagradable, aumenta la competencia y baja el salario. El obrero, para compensar la pérdida, trabajará más horas o producirá más cada hora. Cuanto más trabaja, menos jornal gana. Las maquinarias, a su vez, desplazan más obreros. Pero el capital perecería si sólo hubiese máquinas.

A medida que los capitalistas se ven forzados a explotar más los medios de producción, aumentan las crisis y los quebrantos, la destrucción de partes de la riqueza, los productos y las fuerzas productivas. A medida que crece la producción, crece la necesidad de encontrar nuevos mercados, y cada vez hay menos mercados. Y esta crisis que el capital provoca arrastra a los obreros, que verán aumentado el desempleo y estarán más pobres y hambrientos.

EL CAPITAL (1867)

CAPÍTULO 1 EL CARÁCTER FETICHISTA DE LA MERCANCÍA Y SU SECRETO

El carácter fetichista del mundo de las mercancías se origina en la índole social del trabajo que produce mercancías. Es sólo en su intercambio donde los productos del trabajo adquieren una objetividad de valor, socialmente uniforme, separada de su objetividad de uso, sensorialmente diversa.

La determinación de los objetos para el uso como valores es un producto social. Es precisamente esa forma acabada de las mercancías –la forma del dinero– la que oculta el carácter social de los trabajos privados, y por tanto, las relaciones sociales entre los trabajadores individuales.

Las relaciones sociales existentes entre las personas en sus trabajos, se ponen de manifiesto no como sus propias relaciones personales, sino que aparecen disfrazadas de relaciones sociales entre las cosas, entre los productos del trabajo.

Los productos aparecen como

mercancías, o sea valores, y LOS TRABAJOS privados SE OCULTAN ENTRE LAS COSAS, como trabajo humano indiferenciado. El fetichismo adherido al mundo de las mercancías es la apariencia objetiva de las determinaciones sociales del trabajo.

LO QUE IMPORTA EN LA MERCANCÍA NO ES EL VALOR DE USO (para qué sirve) SINO EL VALOR DE CAMBIO (por cuántas mercancías la puedo intercambiar). El “valor” (valor de cambio) es un atributo de las cosas, las “riquezas” (valor de uso), un atributo del hombre.

¿Qué quiere decir Marx con todo lo anterior? Que lo que a nosotros se nos aparece como una relación entre cosas (por ejemplo, una camisa = 10 mts de tela, o un auto = u$s 10.000) es una relación entre personas oculta tras una relación entre cosas.

“FETICHISMO DE LA MERCANCÍA” SIGNIFICA QUE LAS COSAS, LOS PRODUCTOS DEL TRABAJO HUMANO, SON VISTOS COMO SI TUVIERAN VIDA PROPIA, INDEPENDIENTE DE QUIEN LAS HIZO CON SU TRABAJO

Y esto es así porque en el capitalismo las

cosas se producen, no con la intención de satisfacer necesidades, sino para que el capitalista obtenga una ganancia

LO QUE EL FETICHISMO OCULTA ES UNA RELACIÓN SOCIAL DE EXPLOTACIÓN, DONDE LA CLASE CAPITALISTA VIVE SIN TRABAJAR, ACUMULANDO CAPITAL EN BASE AL TRABAJO AJENO, AL TRABAJO DE LA CLASE TRABAJADORA

CADA COSA QUE EXISTE ES FRUTO DEL TRABAJO. EL CAPITALISMO NECESITA OCULTAR ESO, PORQUE DE LO CONTRARIO, SALDRÍA A LA LUZ EL HECHO DE QUE ES UN SISTEMA SOCIAL BASADO EN LA EXPLOTACIÓN DEL HOMBRE POR EL HOMBRE (Marx decía que, en el capitalismo, el que trabaja no acumula y el que acumula no trabaja).

La lucha de Marx pasaba por la destrucción revolucionaria del capitalismo por parte de los explotados, para la construcción de una sociedad sin explotadores ni explotados, la sociedad socialista, hacia el comunismo.

CAPÍTULO 24 LA LLAMADA

ACUMULACIÓN ORIGINARIA

EN ESTE CAPÍTULO, MARX EXPLICA LA GÉNESIS DEL MODO DE PRODUCCIÓN CAPITALISTA, MOSTRANDO LA FALSEDAD DE LA VERSIÓN DE LA ECONOMÍA POLÍTICA BURGUESA, QUE PLANTEÓ UN ORIGEN IDÍLICO, Y DESCRIBIENDO CÓMO EL CAPITALISMO SE BASÓ, DESDE SU COMIENZO, EN LA CONQUISTA, LA ESCLAVIZACIÓN, EL ROBO Y EL ASESINATO

El secreto de la acumulación originaria

El PLUSVALOR (la diferencia entre lo que los obreros producen y lo que se les paga) permite obtener más CAPITAL.

Marx sostiene que la ACUMULACIÓN DEL CAPITAL presupone el PLUSVALOR. La generación de PLUSVALOR presupone, a su vez, la existencia de la producción CAPITALISTA. Ésta necesita de la existencia de MASAS DE CAPITAL lo suficientemente grandes en poder de los productores de mercancías.

TODO ESTE PROCESO PARA INICIARSE NECESITA DE UNA ACUMULACIÓN ORIGINARIA. ES DECIR, UN MOMENTO INICIAL EN EL QUE SE ACUMULA CAPITAL COMO PARA DAR LUGAR AL MODO DE PRODUCCIÓN CAPITALISTA

Marx plantea que en el origen de esa acumulación de riqueza que logró una élite está la conquista, el sojuzgamiento, la violencia.

El DINERO Y LA MERCANCÍA no son CAPITAL en un principio, tampoco los medios de producción y de subsistencia. Para transformarse en CAPITAL, explica Marx, es necesario que surjan dos clases de poseedores de mercancía: LOS PROPIETARIOS DE LOS MEDIOS DE PRODUCCIÓN Y SUBSISTENCIA, por un lado y LOS QUE SÓLO POSEEN SU FUERZA DE TRABAJO COMO MERCANCÍA (los TRABAJADORES LIBRES), por otro. Los primeros VALORIZAN lo que se apropiaron mediante la adquisición de FUERZA DE TRABAJO ajena.

Los TRABAJADORES SON LIBRES porque no están incluidos directamente en los MEDIOS DE PRODUCCIÓN (como sí lo estaban los esclavos o los siervos) y tampoco estos MEDIOS les pertenecen (como sí ocurre con el campesino que trabaja su tierra).

ESTA POLARIZACIÓN DEL MERCADO DE MERCANCÍAS (ENTRE LOS QUE POSEEN LOS MEDIOS DE PRODUCCIÓN Y LOS QUE SÓLO TIENEN SU FUERZA DE TRABAJO) PROVEE LAS CONDICIONES FUNDAMENTALES DE LA PRODUCCIÓN CAPITALISTA

El proceso de división entre el OBRERO y la PROPIEDAD DE SUS CONDICIONES DE TRABAJO TRANSFORMA EN CAPITAL LOS MEDIOS DE PRODUCCIÓN Y DE SUBSISTENCIA, y convierte a los trabajadores en ASALARIADOS.

La ACUMULACIÓN ORIGINARIA es, por lo tanto, EL PROCESO HISTÓRICO DE ESCISIÓN ENTRE PRODUCTOR (el obrero que produce) Y MEDIOS DE PRODUCCIÓN. Se llama ORIGINARIA porque esta división es la PREHISTORIA DEL CAPITAL Y DEL MODO DE PRODUCCIÓN CAPITALISTA.

Marx plantea que la producción capitalista se dio durante algunos períodos en los siglos XIV y XV, pero recién en el siglo XVI se abre la ERA CAPITALISTA. Donde crece el CAPITALISMO desaparece la servidumbre de la gleba (la que trabajaba la tierra bajo el dominio de los señores feudales) y la organización urbana medieval entra en decadencia.

En la historia del PROCESO DE ESCISIÓN son momentos claves aquellos en los que se separa violentamente a grandes masas humanas de sus medios de subsistencia y de producción (campesinos expulsados de las tierras), quedando librados al MERCADO DE TRABAJO, como PROLETARIOS (los que sólo tienen como pertenencia a su prole, es decir, a sus hijos).

La EXPROPIACIÓN DE LAS TIERRAS

DE LOS CAMPESINOS ES LA CLAVE DEL PROCESO. Ésta se da de diferentes formas según los países. Marx toma como ejemplo Inglaterra, donde se da la forma clásica.

Expropiación de la población rural, a la que se despoja de la tierra

En Inglaterra en el final del siglo XIV ya había desaparecido la SERVIDUMBRE DE LA GLEBA. La mayoría de la población se componía de CAMPESINOS LIBRES (arrendatarios que ya no eran siervos) QUE CULTIVABAN SU PROPIA TIERRA. Los ASALARIADOS AGRÍCOLAS eran campesinos que en su tiempo libre trabajaban en las tierras de los grandes TERRATENIENTES, pero disponían además de una parcela propia para trabajarla.

En el último tercio del siglo XV y las primeras del XVI se liberó una MASA DE PROLETARIOS AL MERCADO DE TRABAJO, por la disolución de las relaciones feudales. El poder del rey, en su búsqueda de soberanía absoluta, aceleró esta disolución de los feudos, pero no fue la única causa. El

SEÑOR FEUDAL opuesto al rey y al parlamento también fue expulsor de grandes masas de campesinos al usurparles las tierras (sobre las que tenían los mismos títulos que él). La vieja NOBLEZA FEUDAL había sido aniquilada por la guerra, y la nueva transformó la tierra que se usaba para agricultura en tierra para que pasten las ovejas (el precio de lana aumentaba porque las manufacturas flamencas la requerían), por eso expropió a los campesinos.

En el siglo XVI con la REFORMA el proceso de expropiación de las masas populares tiene un nuevo impulso. La IGLESIA CATÓLICA era propietaria de gran parte del suelo inglés; la REFORMA suprime los monasterios y arroja a los que vivían en sus tierras al PROLETARIADO. Esas tierras fueron donadas a los favoritos del rey o vendidas a especuladores que las unificaron. Se reconoce oficialmente el PAUPERISMO (es decir, el empobrecimiento de las MASAS) y se implanta un impuesto para beneficencia.

A fines del siglo XVIII ya se había extinguido la propiedad comunal de los CAMPESINOS.

La llamada "Revolución Gloriosa" llevó al

poder a los fabricantes, poseedores de tierras y capitales, quienes desarrollaron el robo de tierras fiscales. Todo esto se realizó en la más absoluta ilegalidad. Estas tierras sumadas a las que se habían quitado a los campesinos y a la iglesia, armó los dominios de la OLIGARQUÍA INGLESA. Los capitalistas burgueses favorecieron esta operación porque permitió acrecentar la afluencia de OBREROS LIBRES procedentes del campo.

Marx sostiene que el robo perpetrado contra la propiedad comunal y la fiscal ayudó a acrecentar las grandes fincas que en el siglo XVIII se denominaron "granjas de mercaderes". En estas tierras no se cultiva, sino que son grandes extensiones cercadas para ganado. Unos pocos TERRATENIENTES se quedaron con las tierras que antes trabajaban muchos pequeños propietarios y arrendatarios, quienes fueron expulsados de sus tierras y se vieron obligados a trabajar para otros. Entre 1765 y 1780 el salario que conseguían fue cada vez peor y tuvo que ser complementado con el socorro oficial de la BENEFICENCIA.

Este violento proceso de EXPULSIÓN y EXPROPIACIÓN produce el "despejamiento" de las tierras inglesas. En Escocia también se dio este proceso. Se destruyeron e incendiaron las aldeas de los clanes que trabajaban la tierra y todos los campos se transformaron en praderas para ganado.

LA EXPOLIACIÓN DE LOS BIENES ECLESIÁSTICOS, LA EXPROPIACIÓN DE LAS TIERRAS FISCALES, EL ROBO DE LA PROPIEDAD COMUNAL, DE LA PROPIEDAD FEUDAL, PARA SU TRANSFORMACIÓN EN LA PROPIEDAD PRIVADA MODERNA, FUERON LOS MÉTODOS MEDIANTE LOS QUE SE PRODUJO LA ACUMULACIÓN ORIGINARIA

Marx sostiene que estos métodos lograron conquistar el campo para la agricultura CAPITALISTA y generaron la OFERTA DE PROLETARIADO LIBRE NECESARIA PARA LA INDUSTRIA URBANA.

Legislación sanguinaria contra los expropiados, desde fines del siglo XV. Leyes reductoras del salario

Marx marca que los EXPULSADOS POR LA DISOLUCIÓN DE LOS FEUDOS y por la EXPROPIACIÓN VIOLENTA no podían ser absorbidos por la naciente industria con la misma velocidad con que eran arrojados de sus tierras. Además, estos sectores no podían adaptarse fácilmente a la nueva vida. Muchos se transformaron en vagabundos, ladrones, mendigos. Por esto, en toda Europa Occidental prolifera entre los siglos XV y XVI una LEGISLACIÓN SANGUINARIA CONTRA LA VAGANCIA. La legislación los trataba como a delincuentes voluntarios.

Enrique VIII de Inglaterra en 1530 dispuso que los vagabundos debían ser arrestados, azotados y obligados a jurar su regreso a sus lugares de origen. Si se los vuelve a arrestar, se les debía cortar una oreja. En la tercera detención, eran ejecutados. Los sucesivos reyes irán disponiendo todo tipo de escarmientos y la posibilidad de que sean tomados como esclavos. Lo mismo sucede en Francia y en los Países Bajos.

Todas estas legislaciones apuntan a imponer, a fuerza de látigo, la disciplina que requería el SISTEMA DE TRABAJO ASALARIADO. No basta con que estos hombres sean obligados a vender su fuerza de trabajo voluntariamente. En el transcurso de la PRODUCCIÓN CAPITALISTA se desarrolla una CLASE TRABAJADORA que por educación, tradición y hábito toma las exigencias del CAPITALISMO como leyes naturales. El sistema vence las resistencias y la violencia directa se usa sólo en casos excepcionales. La generación de una SOBREPOBLACIÓN mantiene la ley de la oferta y la demanda de trabajo y permite que el salario se sostenga bajo, lo que conviene a la VALORIZACIÓN DEL CAPITAL.

En la etapa de la ACUMULACIÓN ORIGINARIA la burguesía naciente necesita comprimir el salario y extender la jornada, para aumentar el PLUSVALOR.

Marx sostiene que la LEGISLACIÓN del TRABAJO ASALARIADO se inaugura con el Estatuto sobre los Trabajadores de 1349 y apunta a que se prolongue la jornada laboral y se bajen los salarios.

En el siglo XVI la situación de los trabajadores empeoró. Los salarios siguieron siendo bajos y las mercancías aumentaban.

En 1813 se derogaron las leyes en torno a la regulación del salario. Eran consideradas inútiles, porque, de hecho, el capitalista regulaba la fábrica por medio de su legislación privada y usaba el impuesto de beneficencia para completar los salarios obreros. Las legislaciones en relación a los contratos entre patrones y obreros disponían que si el obrero violaba el contrato podía ser demandado por lo criminal, en cambio el patrón sólo por lo civil.

La burguesía también buscó atacar las asociaciones obreras. En este sentido, iban las leyes "anticoalicionistas". En 1825 ante la presión proletaria fueron derogadas en Inglaterra. En Francia, desde los inicios de la Revolución la burguesía impulsó leyes anticoalicionistas, para evitar que los obreros se unieran y organizaran para lograr sus reclamos. Sólo a mediados del siglo XIX fueron derogadas.

DEFINICIÓN DE ACUMULACIÓN ORIGINARIA

Ni el dinero ni la mercancía, los medios de producción o los artículos de consumo son, necesariamente, capital. Para que lo sean, deben producirse en el marco de la relación de dos clases, por un lado, una clase propietaria de dinero, medios de producción y artículos de consumo, que busque valorizar su propiedad, o sea obtener ganancia, por medio de la compra de fuerza de trabajo ajena; por otro lado, una clase de obreros libres, vendedores de su fuerza de trabajo, libres en un doble sentido: por no ser considerados parte de los medios de producción (como el esclavo o el siervo) y por no poseer medios de producción. Así, "El régimen del capital presupone el divorcio entre los obreros y la propiedad sobre las condiciones de realización de su trabajo".

DE ESTE MODO, LA ACUMULACIÓN ORIGINARIA ES EL PROCESO HISTÓRICO DE SEPARACIÓN ENTRE EL PRODUCTOR Y LOS MEDIOS DE PRODUCCIÓN, CONSTITUYENDO LA PREHISTORIA DEL CAPITAL Y DEL CAPITALISMO

La acumulación originaria del capital que permitió la aparición del modo de producción capitalista, no fue natural ni armónica. Si bien en el capitalismo, el factor violencia no es tan decisivo como en modos de producción anteriores (esclavismo, feudalismo), se basa en la coacción económica, basada en la fórmula dinero-capital-plusvalía-capital.

Esto significa que LA ACUMULACIÓN CAPITALISTA PRESUPONE PLUSVALOR, es decir la parte del trabajo que el obrero no hace para sí mismo sino para un capitalista, el cual se apropia del fruto del trabajo ajeno. Eso le permite acumular más capital, con el cual contratará nuevos trabajadores a los que extraerá nueva plusvalía, continuando la explotación y la acumulación.

Sin embargo, LA ACUMULACIÓN ORIGINARIA O PRIMITIVA NO ES

CAPITALISTA, SINO PRECAPITALISTA. Es la acumulación inicial, que permite el arranque del capitalismo. Como no se hace por medio de la explotación económica, sino por la violencia física directa, no es capitalista.

CÓMO SURGE LA CLASE OBRERA

El obrero, el productor directo de la riqueza, sólo pudo disponer de su persona cuando dejó de ser esclavo o siervo, dejando de estar sujeto a la gleba, a los gremios con sus ordenanzas y aprendices. Liberado de la servidumbre feudal y la coacción de los gremios medievales, los productores terminarán siendo obreros asalariados. Este es el único aspecto que los historiadores burgueses ven. Lo que no explican es el proceso por el cual estos TRABAJADORES se convierten en vendedores de sí mismos: ello sucede cuando SON DESPOJADOS DE TODOS SUS MEDIOS DE PRODUCCIÓN.

LOS CAPITALISTAS SE ENFRENTAN A LOS GREMIOS Y A LOS SEÑORES FEUDALES

Los capitalistas industriales desalojaron a los gremios de artesanos y a los señores feudales. LOS PRIVILEGIOS DE LOS SEÑORES Y LA ESTRUCTURA DE LOS GREMIOS MEDIEVALES ERAN UNA TRABA para el libre desarrollo de la producción y para la libre explotación del hombre por el hombre, es decir, PARA LA EXPLOTACIÓN CAPITALISTA.

ORIGEN DEL CAPITALISMO

La esclavización del obrero sólo cambió de forma: de la explotación feudal a la explotación capitalista, empezando esta última en algunas ciudades del Mediterráneo, en los siglos XIV y XV, pero generalizándose sólo a partir del siglo XVI, cuando "...GRANDES MASAS DE HOMBRES SE VEN DESPOJADAS repentina y violentamente DE SUS MEDIOS DE PRODUCCIÓN para ser lanzadas al mercado de trabajo como proletarios libres". En este sentido, fue fundamental la expropiación del productor rural, el campesino.

CLASES SOCIALES PRESENTES EN EL ORIGEN DEL CAPITALISMO

En Inglaterra, la servidumbre (relación social básica en el feudalismo) desaparece desde finales del siglo XIV. En el siglo XV, la gran mayoría de la población se formaba de campesinos libres, dueños de la tierra que trabajaban. En las grandes fincas señoriales, el bailiff (bailío), anteriormente SIERVO, fue REEMPLAZADO POR EL ARRENDATARIO LIBRE. Los jornaleros agrícolas eran campesinos que aprovechaban su tiempo libre para trabajar a sueldo para un terrateniente, pero su condición asalariada era secundaria. Y los asalariados de la época, en realidad eran labradores independientes, ya que, junto con el salario, tenían casa y labranza, además del derecho a compartir tierras comunales.

La producción feudal se caracterizaba por la división del suelo entre el mayor número posible de tributarios. El poder del señor feudal no se basaba en la extensión del territorio que controlase, sino en la cantidad de súbditos que le rindieran tributo. Por ello, le convenía una descentralización de las tierras en manos de muchos siervos, los cuales debían tributarle.

LICENCIAMIENTO DE HUESTES FEUDALES Y EXPULSIÓN DE LOS CAMPESINOS

El LICENCIAMIENTO DE LAS HUESTES FEUDALES dejó sin medios de vida y sin trabajo a una masa de proletarios. Esto fue promovido por la monarquía absoluta y la burguesía, que forzaron a los grandes señores feudales a levantarse contra la monarquía y el parlamento, arrojando violentamente a los campesinos de sus tierras.

El auge de las manufacturas laneras de Flandes y la suba del precio de la lana aceleraron este proceso, por el cual se transformaron tierras de labor en terrenos de pastos para ovejas (hace falta mucha menor cantidad de mano de obra para lo segundo que para lo primero). Las casas de los campesinos fueron arrasadas, mientras que

SE ACUMULAN EN POCAS MANOS MUCHAS TIERRAS arrendadas y grandes rebaños de ganado, provocando la suba de la renta de la tierra y la caída de la labranza (agricultura).

A mediados del siglo XIX, el trabajador jornalero tendrá a lo sumo autorización para tener un pequeño huerto. Predominó entonces una agricultura extensiva, con poca mano de obra, aumento de la producción, mercado de trabajo abundante y fuerza de trabajo formalmente libre. El campesinado, si antes trabajaba su tierra y en sus ratos libres hacía manufacturas, después de este proceso hará manufacturas y en sus ratos libres trabajará la tierra.

EXPROPIACIÓN DE LA IGLESIA

Dice Marx que "Al producirse la Reforma (Protestante), la Iglesia Católica era propietaria feudal de una gran parte del suelo inglés. La persecución contra los conventos, etc, lanzó a sus moradores a las filas del proletariado. MUCHOS DE LOS BIENES DE LA IGLESIA FUERON REGALADOS a unos cuantos individuos rapaces protegidos por el rey...".

CAMPESINOS INDEPENDIENTES

Los campesinos independientes o *yeomanry*, clase muy numerosa e importante, desaparece alrededor de 1750, cuando sus tierras pasan a manos de aristócratas. Los *yeomanry* habían sido la base social de apoyo de Cromwell.

Bajo la restauración de los Estuardos, los terratenientes legalizaron la usurpación, ABOLIENDO EL RÉGIMEN FEUDAL DEL SUELO y transfiriendo sus deberes tributarios al Estado, el cual comenzó a cobrar impuestos a los campesinos y el pueblo. La Revolución Gloriosa (1688) que lleva a Cromwell al poder termina, con Guillermo III de Orange, entregando el poder "...a los capitalistas y terratenientes elaboradores de plusvalía", es decir, explotadores del trabajo ajeno asalariado, y concediéndoles el saqueo de los terrenos públicos.

LA BURGUESÍA APOYA LA EXPROPIACIÓN DE LAS TIERRAS

La oligarquía terrateniente inglesa se formó a partir de la concentración en sus manos de tierras de los campesinos, la Iglesia y el Estado. La burguesía apoyó esto, ya que esa nueva aristocracia de la tierra era la aliada natural de los banqueros, financistas e industriales.

EXPROPIACIÓN DE TIERRAS COMUNALES

Los BIENES COMUNALES eran una institución de origen alemán, que existió bajo el feudalismo. En el siglo XVIII, LOS BIENES DEL PUEBLO SON DEPREDADOS, y esa expropiación es luego aprobada por ley del parlamento (leyes sobre el cercado de terrenos comunales), "...decretos por medio de los cuales LOS TERRATENIENTES SE REGALAN A SÍ MISMOS EN PROPIEDAD PRIVADA LAS TIERRAS DEL PUEBLO, decretos encaminados a expropiar al pueblo de lo suyo".

En síntesis, la ACUMULACIÓN ORIGINARIA que dio origen al capitalismo es la SUMA DEL SAQUEO DE LAS PROPIEDADES DEL PUEBLO, DE LOS CAMPESINOS, DE LA IGLESIA, DE LA PROPIEDAD FEUDAL, ETC, CON MÉTODOS SANGUINARIOS por los cuales se pasó a la agricultura capitalista, se incorporó el capital a la tierra y se creó una masa de proletarios libres, privados de medios de vida, que era lo que requería la burguesía industrial de las ciudades: masas pobres y hambrientas, listas para trabajar de lo que fuere al más bajo costo.

La revolución agrícola implicó que menos brazos producían más que antes por el mejoramiento de los métodos de cultivo y por la explotación más intensiva de los jornaleros. Si el ex campesino quiere vivir, tiene que venderse al capitalista (rural o urbano), a cambio de un salario.

Antes había muchos pequeños productores, que cultivaban con su familia, en pequeñas cantidades. Luego habrá un solo propietario, que hace que otros produzcan para él.

Las condiciones de producción capitalista engendran, garantizan y perpetúan la sumisión del obrero al capitalista

La VIOLENCIA ESTATAL jugará un rol fundamental en este proceso: "...después de ser violentamente expropiados y expulsados de sus tierras y convertidos en vagabundos, se encajaba a los antiguos campesinos, mediante leyes grotescamente terroristas, a fuerza de palos, de marcas a fuego y de tormentos, en la disciplina que exigía el sistema de trabajo asalariado". Así, se va formando y educando una clase obrera sumisa, que tomará a la relación social de producción capitalista como algo natural. Poco a poco, la violencia directa irá dejando lugar a las "leyes naturales de la producción". La explotación capitalista se centrará, entonces, en la violencia indirecta, en el saqueo del trabajo ajeno en favor de la acumulación de capital. La violencia directa irá separándose de la producción para instalarse en el garante del sistema: el Estado.

Con el capitalismo ya consolidado, los salarios se determinarán por la ley del mercado. Pero al principio, será necesaria la INTERVENCIÓN DEL ESTADO PARA

DISCIPLINAR A LA CLASE OBRERA, para alargar la jornada de trabajo, bajar los salarios y asegurar la acumulación de capital en manos de la burguesía.

EL PROLETARIADO SE VA A FORMAR A PARTIR DE LOS CAMPESINOS Y COLONOS DESOCUPADOS Y SIN TIERRAS, Y POR LOS ARTESANOS QUEBRADOS POR LA COMPETENCIA CAPITALISTA

Todos ellos pasan a ser jornaleros y asalariados, pero muchos quedaban desocupados, siendo reprimidos con leyes contra el "vagabundaje". La violencia extraeconómica, propia de la acumulación originaria, va dejando paso a las leyes capitalistas, que son un ABUSO LEGAL.

GÉNESIS DEL ARRENDATARIO CAPITALISTA

En Inglaterra, la primer forma de arrendatario es la del bailiff también siervo, que es reemplazado por el colono a mitad del siglo XVI, al que el señor feudal provee de simiente, aperos de labranza y ganado, en una situación similar a la del campesino, con la diferencia de que el primero explota trabajo asalariado, y pronto pasa a ser aparcero, semiarrendatario, poniendo una parte del capital agrícola y el propietario la otra, repartiéndose ambos los frutos según un contrato. Esta forma desaparece rápido en Inglaterra, dando lugar al verdadero ARRENDATARIO: el que EXPLOTA SU PROPIO CAPITAL EMPLEANDO OBREROS ASALARIADOS, PERO ABONANDO UNA RENTA EN DINERO O ESPECIE POR LA TIERRA QUE ALQUILA, a un propietario, que así se queda con una parte del producto excedente.

La REVOLUCIÓN AGRÍCOLA de fines del siglo XV y casi todo el SIGLO XVI lo enriquece al mismo tiempo que empobrece al campesino. La usurpación de pastos comunales le permite aumentar su ganado, y éste le da más abono para cultivar las tierras. En el siglo XVI saldrán muy beneficiados con los contratos a largo plazo (hasta 99 años), ya que la depreciación de los metales y del dinero hizo bajar los salarios que pagaba, mientras que los precios del trigo, la carne, la lana, etc, lo enriqueció, ya que LA RENTA QUE PAGABA POR LA TIERRA ERA FIJA.

CREACIÓN DEL MERCADO INTERIOR

Todo lo anterior, fue creando un MERCADO CONSUMIDOR DE BIENES, los cuales se comienzan a producir en gran escala. Las materias primas que antes el campesino elaboraba y consumía con su familia, se convierten ahora en mercancías vendidas por los arrendatarios, materias primas que encuentran mercado en las manufacturas: “La numerosa clientela diseminada y controlada hasta aquí por una muchedumbre de pequeños productores que trabajaban por cuenta propia se concentra ahora en un gran mercado atendido por el capital industrial”, avanzando la destrucción de las industrias rurales secundarias y EL PROCESO DE DIFERENCIACIÓN ENTRE

LA INDUSTRIA Y LA AGRICULTURA. Esto está ligado al tema de las industrias domésticas del interior argentino, en las luchas entre unitarios y federales en el siglo XIX.

En la Edad Media, dominaban el capital usurario y el comercial, mientras que ahora lo predominante será la producción de mercancías.

Génesis del capitalista industrial

El CAPITALISTA INDUSTRIAL no surge tan gradualmente como el CAPITALISTA ARRENDATARIO. Algunos maestros gremiales, pequeños artesanos, incluso algunos asalariados se convirtieron en pequeños capitalistas, y mediante la explotación creciente del trabajo fueron convirtiéndose en CAPITALISTAS plenos.

Marx sostiene que la EDAD MEDIA legó dos formas diferentes de CAPITAL: el CAPITAL USURARIO y el CAPITAL COMERCIAL. Cuando se disolvieron los FEUDOS y al ser expropiada la población rural el CAPITAL -acumulado por la usura y el comercio- pudo transformarse en CAPITAL INDUSTRIAL. La NUEVA INDUSTRIA se asentó en los puertos marítimos exportadores.

El descubrimiento de oro y plata en América, el exterminio y la explotación en las minas de los aborígenes, la conquista y el saqueo de las INDIAS ORIENTALES son parte de los orígenes de la PRODUCCIÓN CAPITALISTA. Estos son factores fundamentales de la ACUMULACIÓN ORIGINARIA. Posteriormente, hará su aparición la GUERRA COMERCIAL entre las naciones europeas: alzamiento de los Países Bajos y su separación de España, guerra antijacobina de Inglaterra, luego la guerra en por el negocio del opio en China.

En Inglaterra a finales del siglo XVIII se combinan el SISTEMA COLONIAL, la deuda pública, el MODERNO SISTEMA IMPOSITIVO y el SISTEMA PROTECCIONISTA como factores de la ACUMULACIÓN ORIGINARIA. Estos métodos se basaban en la VIOLENCIA MÁS BRUTAL, sobre todo el COLONIALISMO, para fomentar el proceso de TRANSFORMACIÓN DEL MODO DE PRODUCCIÓN FEUDAL EN MODO DE

PRODUCCIÓN CAPITALISTA.

La Compañía Inglesa de las Indias Orientales obtuvo el monopolio exclusivo del comercio del té, opio, sal, así como del comercio chino en general, y del transporte de bienes. Las FORTUNAS se generaban de un día para el otro.

El SISTEMA COLONIAL hizo madurar el COMERCIO Y LA NAVEGACIÓN. Las COLONIAS aseguraban un mercado donde colocar productos y el MONOPOLIO DEL MERCADO permitía una acumulación acelerada, por la posibilidad de fijar precios exhorbitantes. Las fortunas amasadas fuera de Europa volvían y se transformaban en CAPITAL.

Marx destaca que el SISTEMA COLONIAL proclamó la producción del PLUSVALOR como el fin último de la humanidad. Allí se originaron los sistemas modernos de la deuda pública y el crédito.

La DEUDA PÚBLICA y el SISTEMA IMPOSITIVO han jugado un papel fundamental en la transformación de la riqueza social en capital, en la opresión de los asalariados. La DEUDA PÚBLICA dio lugar a un SISTEMA CREDITICIO INTERNACIONAL que encubría una de las fuentes de la ACUMULACIÓN ORIGINARIA. Porque los préstamos proporcionaban la base para la capitalización.

El SISTEMA PROTECCIONISTA fue un medio para producir fábricas, para expropiar a los trabajadores independientes y generar capitalización.

Todos los medios se volvieron válidos para el desarrollo de la PRODUCCIÓN CAPITALISTA durante el período manufacturero. La explotación, hasta la tortura, de niños, mujeres, jóvenes, día y noche; la trata de negros entre Inglaterra y España para América. La ciudad de Liverpool creció gracias al tráfico de esclavos: éste fue su método de acumulación originaria. La esclavitud disfrazada en Europa exigía que en las colonias se practicara la esclavitud directa.

Todo esto fue necesario para que surgieran las que luego parecían "leyes naturales" del modo capitalista de producción. El proceso de ESCISIÓN ENTRE TRABAJADORES Y CONDICIONES DE TRABAJO, transformando en un polo a LOS MEDIOS DE PRODUCCIÓN Y SUBSISTENCIA y en otro polo a LA MASA DE

ASALARIADOS, ese "PRODUCTO ARTIFICIAL DE LA HISTORIA MODERNA".

Tendencia histórica de la acumulación capitalista

La ACUMULACIÓN ORIGINARIA, o sea la GÉNESIS HISTÓRICA DEL CAPITAL no significa más que la expropiación del productor directo (el campesino que trabajaba su tierra).

La propiedad privada del trabajador sobre sus medios de producción, sostiene Marx, es el fundamento de la pequeña industria, necesaria para la producción social y para el desarrollo de la libre individualidad del trabajador. Esto se produce, en parte, en la servidumbre de la gleba, pero sólo se realiza plenamente allí donde el trabajador es propietario privado libre de sus condiciones de trabajo, manejadas por él mismo: el campesino, de la tierra que cultiva; el artesano, de sus instrumentos. Este modo de producción exige el parcelamiento del suelo y excluye el desarrollo de las fuerzas productivas sociales. Sólo funciona en límites estrechos, espontáneos, no organizados de la producción y de la sociedad. Cuando se desarrollan los MEDIOS MATERIALES este MODO DE PRODUCCIÓN SE TRANSFORMA EN UN LÍMITE Y DEBE SER DESTRUIDO. El aniquilamiento de esa pequeña propiedad y el despojo de la tierra y los medios de producción de la gran masa popular es la PREHISTORIA DEL CAPITAL. La PROPIEDAD PRIVADA lograda con el trabajo propio es reemplazada por la PROPIEDAD PRIVADA CAPITALISTA, fundada en la explotación del trabajo ajeno.

Marx sostiene que una vez que el MODO DE PRODUCCIÓN CAPITALISTA está instalado, el que debe ser expropiado es el CAPITAL y no los trabajadores. Esta EXPROPIACIÓN es el resultado de las propias leyes INMANENTES DE LA PRODUCCIÓN CAPITALISTA. Cada capitalista liquida a muchos otros; se produce una concentración del capital. Paralelamente el trabajo es cada vez más cooperativo, más consciente de la ciencia, el desarrollo tecnológico y de la economización de los medios de producción a través del trabajo combinado.

Con la MONOPOLIZACIÓN por parte de pocos capitalistas cada vez es más la opresión, la servidumbre, la explotación y la degeneración. Crece también la lucha de la clase obrera, que se une y organiza por el mismo proceso capitalista de producción. Marx sostiene que el MONOPOLIO del capital se convierte en traba para el desarrollo productivo. La concentración de los medios de producción y la socialización del trabajo se vuelven incompatibles con el CAPITALISMO. Esta es la hora final del capitalismo. Los expropiadores son expropiados.

TRABAJO DE NIÑOS

BAJO CONDICIONES INFRAHUMANAS, FALTA DE HIGIENE, HACINAMIENTO, VIOLENCIA Y TORTURAS, EL CAPITALISMO ACUMULÓ PLUSVALÍA EN BASE A LA EXPLOTACIÓN DE NIÑOS POBRES, DESDE LOS 7 A LOS 14 AÑOS

Había capataces que, como cobraban según lo que producían los niños, imponían una crueldad increíble, con latigazos y azotes. Además. Se implantó el trabajo nocturno, de modo que siempre hubiera producción, mientras la otra mitad que terminaba su turno de día se desplomaba en las camas todavía calientes de los cuerpos del grupo de noche.

MARX DIRÁ QUE "...EL CAPITAL VIENE AL MUNDO CHORREANDO SANGRE Y LODO POR TODOS LOS POROS, DE LOS PIES A LA CABEZA"

CONCLUSIONES

LA ACUMULACIÓN ORIGINARIA ES LA DESTRUCCIÓN DE LA PROPIEDAD PRIVADA BASADA EN EL TRABAJO PROPIO, DONDE EL PROPIETARIO SE AUTODETERMINA EN SU TRABAJO, YA QUE MANEJA SUS PROPIOS MEDIOS DE PRODUCCIÓN, TÉCNICAS, TIEMPOS

Cuando se produce la concentración de los medios de producción, la división del trabajo y la conquista, todo cambia.

LA PROPIEDAD PRIVADA FRUTO DEL TRABAJO PROPIO, BASE DE LA PEQUEÑA INDUSTRIA, ES DEVORADA POR LA PROPIEDAD PRIVADA CAPITALISTA, BASADA EN LA EXPLOTACIÓN DEL TRABAJO AJENO, AUNQUE FORMALMENTE LIBRE

El mundo, cada vez más, se divide entre una minoría cada vez más pequeña y más poderosa de propietarios explotadores, y una mayoría de trabajadores miserables, oprimidos, pero cada vez más numerosos, rebeldes y organizados.

"La centralización de los medios de producción y la socialización del trabajo llegan a un punto en que se hacen incompatibles con su envoltura capitalista. Ésta salta hecha añicos. Ha sonado la hora final de la propiedad privada capitalista. Los expropiadores son expropiados".

EL SISTEMA DE APROPIACIÓN CAPITALISTA, LA PROPIEDAD PRIVADA CAPITALISTA, ES LA PRIMERA NEGACIÓN DE LA PROPIEDAD PRIVADA INDIVIDUAL, BASADA EN EL PROPIO TRABAJO

Pero el capitalismo engendra la NEGACIÓN DE SU NEGACIÓN, la cual no restaurará la pequeña propiedad privada, sino una propiedad individual basada en la cooperación, tomando lo mejor del progreso de la era capitalista, y basada en LA PROPIEDAD COLECTIVA DE LA TIERRA Y LOS MEDIOS DE PRODUCCIÓN PRODUCIDOS POR EL PROPIO TRABAJO.

Se trata de LA TRANSFORMACIÓN DE LA PROPIEDAD CAPITALISTA EN PROPIEDAD SOCIAL aprovechando, justamente, que el capitalismo centraliza los medios de producción y socializa la producción.

EN EL CAPITALISMO, UNOS CUANTOS USURPADORES EXPROPIAN A LA MASA DEL PUEBLO. EN EL SOCIALISMO, Y LUEGO EN EL COMUNISMO, MARX PLANTEA QUE LA MASA DEL PUEBLO EXPROPIA A UNOS CUANTOS USURPADORES

www.ingramcontent.com/pod-product-compliance
Lightning Source LLC
LaVergne TN
LVHW030216230826
846093LV00010B/486

* 9 7 8 9 8 7 1 7 1 9 0 4 4 *